ALINHANDO-SE COM AS PROMESSAS DE DEUS

ALINHANDO-SE COM AS PROMESSAS DE DEUS

BILL VINCENT

CONTENTS

1 Isenção de responsabilidade   1
2 Alinhando-se com as promessas de Deus   3
3 Sobre o autor   17

Copyright © 2024 by Bill Vincent
All rights reserved. No part of this book may be reproduced in any manner whatsoever without written permission except in the case of brief quotations embodied in critical articles and reviews.
First Printing, 2024

CHAPTER 1

Isenção de responsabilidade

Este livro foi traduzido com a intenção de disponibilizar seu conteúdo para um público mais amplo. Embora tenham sido feitos todos os esforços para garantir a precisão e fidelidade da tradução, nuances linguísticas e diferenças culturais podem resultar em variações do texto original. Esperamos que a tradução atenda às suas expectativas e seja satisfatoriamente aceitável para você. No entanto, se houver alguma dúvida ou discrepância, sinta-se à vontade para entrar em contato conosco. Seu feedback é valioso, pois nos esforçamos para fornecer a melhor experiência de leitura possível para todos os nossos leitores.

CHAPTER 2

Alinhando-se com as promessas de Deus

Nos últimos anos, a Igreja teve muitos desafios e dificuldades que enfrentamos como crentes. Como povo, alguns destes desafios são a amargura, o ressentimento, o ciúme, e estão a ter uma influência contaminadora na vida das pessoas. A escritura alerta sobre como a amargura e uma pessoa contaminarão muitos. É contagioso. Se você assiste ao noticiário, tome cuidado porque muito do que você ouve é através do espírito de amargura.

Você descobrirá que a influência da amargura fará com que você se ofenda facilmente. Quando você perceber isso se agitando, certifique-se de se levantar para proteger seu coração da contaminação da amargura de outra pessoa. Tanto a amargura quanto o ciúme se escondem sob o disfarce do discernimento. Ela se esconde sob a noção de que você vê no âmago o motivo de outra pessoa. E a Escritura é bastante clara ao dizer que ninguém pode conhecer o coração, você não pode usar o nível do seu próprio coração para medir o coração de outra pessoa, e quando começamos a entrar na área de tentar descobrir os motivos de outra pessoa, estamos na verdade, em uma área desagradável.

A amargura é um apego ao passado. O ciúme é um apego ao passado. Na verdade, o ciúme trabalha de mãos dadas com um direito que pressupõe que tenho certas coisas na vida. Então, quando alguém é abençoado em vez de mim, alguém tem o favorito, a porta aberta, a oportunidade, seja lá o que for, isso me faz sentir muito menos e muito inseguro em quem eu sou por causa de sua descoberta e bênção. O ciúme também é um contaminante.

Há outra que considero a mais devastadora e prejudicial das três: chama-se decepção. A decepção rouba das pessoas a coragem para o futuro. O pensamento sobre essa decepção está ancorado no ontem, a amargura está ancorada no ontem, você nasceu para o amanhã, você foi projetado para fazer a diferença neste momento presente que impacta o curso da história, e é isso que você é. O apóstolo Paulo tratou de um assunto de forma única, duas vezes diferentes uma vez, ele nos disse em Romanos 8, onde estava descrevendo que nada pode nos separar do amor de Deus e ele passa, você sabe, os anjos não podem fazer isso, ninguém pode fazer isso e então ele menciona coisas presentes e coisas por vir. Observe que ele não mencionou o passado. Coisas presentes e coisas futuras, por quê? O ontem não pode afastar você do amor de Deus, mas pode desligar a sua consciência do amor de Deus. Amargura, arrependimento e decepção estão ligados ao ontem, e eles estão tentando usar essas coisas para redefinir quem somos, onde estamos e quais são os nossos propósitos.

A decepção desloca a pessoa de seu propósito e destino. O inimigo trabalha duro para nos manter focados no que não funcionou, para que não tenhamos utilidade no que poderia funcionar. A decepção é dona da depressão. É a depressão de um bebê, não lidar com ela nos estágios iniciais afeta profundamente nossa saúde emocional, mental e espiritual. Há um ótimo versículo em Provérbios. Está no capítulo 12 ou 13, leia os dois e continue lendo quando terminar os dois, porque é tudo muito bom.

Provérbios 13:12 Versão King James (KJV)
*12 **A esperança adiada adoece o coração** ; mas quando o desejo chega, é árvore de vida.*

O desejo realizado é uma árvore de vida; a esperança adiada faz o coração adoecer. Então, o que isso diz? Na verdade, a decepção nos torna vulneráveis à doença espiritual. É como se o nosso sistema imunológico fosse desligado de decepção. Se não soubermos como nos fortalecer nesses momentos, seremos afetados por circunstâncias que não aconteceram como queríamos. A maneira como oramos, a maneira como acreditamos. Muitos tiveram todos os tipos de coisas acontecendo que não foram planejadas e nunca deveriam acontecer. Decepções, perdas, traições, críticas, todas as porcarias, todos nós já passamos por elas. E ninguém gosta deles, e não deveríamos gostar. Mas como navegamos nessa situação adversa, o veleiro pode realmente assumir a posição que navega para avançar contra o vento que se aproxima e usar a atitude correta do coração, pois a Bíblia ordena que devemos orar e meditar acreditando que realmente faríamos avanços pessoais no momentos mais adversos.

Na verdade, gostaria de sugerir que você nasceu para o outro lado das vitórias adversas. Aquilo para o qual você foi projetado significa o ajuste do coração, confiar em Deus e aprender a confiar nele, quando há coisas que você não pode controlar, você não pode explicar, confie nele nesses momentos porque isso vai ajudar mesmo que pareça que você está indo para trás, na verdade nos faz avançar nos momentos mais desafiadores. E é para isso que serve a nossa força.

A decepção é um ladrão; é um ladrão porque nos rouba o senso de visão e propósito. Na verdade, o que acontece durante a decepção é o que se esconde atrás das pessoas, que secretamente em seus corações acusam Deus de não ser fiel. Muitos nunca iriam querer pensar isso conscientemente, mas o que isso faz é proteger isso de uma maneira errada, proteger aquela ofensa a Deus porque as coisas não aconteceram como deveriam. Não creio que seja possível chegar onde Deus nos designou como indivíduos, unidades familiares ou como família da igreja. Sinto que não é possível chegar onde Deus nos planejou sem aprendermos como navegar por esse problema de decepção.

Deus é o Deus da promessa. Existem mais de 7.000 promessas na Bíblia, então pense nisso. *Quando Adão e Eva pecaram, a primeira coisa que aconteceu depois disso foi que Deus fez uma promessa.*

Gênesis 3:15 Versão King James (KJV)

15 E porei inimizade entre ti e a mulher, e entre a tua semente e a sua semente; ferirá a tua cabeça, e tu lhe ferirás o calcanhar.

Gênesis 3 versículo 15, ele faz a promessa de um redentor. Na verdade, ele tinha a promessa preparada antes que houvesse um problema. Porque Deus é quem tem soluções antes de fazermos a bagunça. Tudo foi pensado com antecedência, e ele preparou o cenário para que pudéssemos ser restaurados a Ele, perdoados de nossos pecados, curados e nosso senso de identidade e propósito restaurado. Então, o que aprendemos com este versículo em Provérbios que diz: a esperança adiada deixa o coração doente, mas o desejo realizado é uma árvore de vida . Então existe o oposto que é o outro lado da moeda, a esperança adiada pode te deixar doente. Desejo realizado, sonhos concretizados, oração atendida, toda essa realização na vida é como a árvore da vida.

A Árvore da Vida foi mencionada em três livros da Bíblia. Foi mencionado em Gênesis, Provérbios e Apocalipse, pelo menos na minha opinião, Gênesis fala sobre o que aconteceu. Provérbios fala sobre o que é, enquanto Apocalipse fala sobre o que está por vir. Então a questão é: essa é a árvore da vida? Se você voltar ao Jardim do Éden, Adão e Eva, eles têm uma árvore do conhecimento do bem e do mal; eles não podem comer daquele, mas podem comer de todo o resto. Quando eles pecaram e comeram o fruto proibido, um anjo foi protegê-los contra comerem da árvore da vida.

O pensamento por trás disso é que se eu agora me tornar um pecador e quebrar a aliança com Deus, e agora comer da árvore da vida, isso não resolverá o meu problema, mas, em vez disso, me tornará um pecador eterno, sem esperança de redenção. Nunca foi, isso me prende a um propósito eterno pré-determinado. Então pense comigo agora: se o desejo realizado é uma árvore da vida, o que ele está dizendo? Está dizendo que parte do seu propósito eterno é revelado, sonhos não realizados e desejos realizados.

Deus nos dá promessas para não sermos seduzidos. É impossível que Deus minta, não é uma provocação. Ele não cria falsas esperanças e depois nos faz quebrar e queimar, ele é um pai amoroso, e esse pai nos apresenta promessas para inspirar e incutir em nós a capacidade de sonhar. Muitos crentes, por causa da decepção, perderam a capacidade de sonhar. Muitos crentes, por causa da perda das promessas, perderam a capacidade de sonhar.

As promessas são o convite de Deus para uma jornada relacional; estamos juntos, trabalhamos para ver as coisas acontecerem na terra, que revela a sua natureza.

Estamos nesta jornada relacional, onde a cooperação, vemos ali os seus propósitos manifestados. Agora ele pode fazer tudo e qualquer coisa que fizermos melhor. Ele poderia se posicionar em um lugar do planeta porque cada pessoa em todo o planeta ouviria o evangelho como ele pregava se quisesse, mas ele escolheu não fazer isso porque seu desejo é trabalhar através de filhos e filhas, por quê? Porque a ambição de Deus Pai é revelar-se como o Pai.

Agora, Deus pode aparecer e revelar-se como o criador, pode revelar-se como amor, pode revelar-se como o grande juiz, pode revelar-se como o Justo, o Santo. Mas é preciso que um filho revele a natureza de um pai porque o pai não pode revelar-se como pai por si mesmo, tem de haver provas em algum lugar, tal como o criador criaria para demonstrar a sua capacidade de criatividade. Portanto, o efeito de um pai sobre o bem-estar de um filho ou filha é o que dá prova ou evidência de que Deus é realmente um Pai Celestial perfeito, maravilhoso e glorioso. Se você pegar o evangelho de João e pegar tudo o que puder encontrar sobre por que Jesus veio à terra, você terá uma lista maravilhosa. Em 1 João diz que ele veio para destruir as obras do mal, e sabemos que ele veio para morrer em nosso lugar, sabemos que ele veio para nos redimir, ele veio para morrer e ressuscitar dentre os mortos. Sabemos que Ele veio para iniciar a consciência, a realização do reino de Deus que está próximo e ao nosso alcance. Há uma grande lista de todos os motivos pelos quais ele veio, mas todos são subpontos de um ponto principal.

O Evangelho de João trata bem disso. Jesus veio para revelar o Pai. Jesus, que veio revelar o pai fala do filho, através do seu comportamento, revela com quem ele é parente. Em outras palavras, ele só faz o que vê o pai fazer. Ele só diz quando ouve seu pai dizer: este é Jesus. Então, o que ele está fazendo? Ele está revelando a natureza do Pai. Na verdade, as escrituras dizem que Jesus é a representação exata do Pai; não há desvio algum, uma representação exata do pai. Então Jesus então diz aos seus discípulos, em João 20, que diz: "Assim como o Pai me enviou, eu também vos envio". Como o pai o enviou? Para revelar o pai. Como então somos enviados para revelar o pai? Qual é o objetivo?

Ele é revelado por quem ele é, através de suas respostas às orações. Experiência da árvore da vida. O fato de você e eu termos esse convite para comparecer diante do Deus Todo-Poderoso negocia as palavras erradas. Não tenho certeza do que é, mas vou usá-lo de qualquer maneira, para negociar os assuntos do homem em quem ele está interessado. As promessas não me tornam Deus, mas me levam a um relacionamento onde, através do tempo que passo com ele, negociamos os assuntos do homem, para que possamos ver no ar sua vontade e seus propósitos realizados. Ele está procurando esse acordo. Ele está procurando por aquele colega de trabalho. Ele está procurando que os dois se tornem um.

No Antigo Testamento, você não pode receber uma acusação contra alguém a menos que tenha duas ou três testemunhas. São muitos se tornando uma só voz, é o casamento, e os dois se tornarão uma só carne. É quando você nasce de novo; você se torna um com Cristo. Todo esse conceito é que Deus pega muitos e os reúne em um. Os membros do corpo são chamados de membros individuais que se tornam um em Primeira Coríntios. Então aqui está esse tema. 2Coríntios capítulo 1, versículo 18, 19 "mas certamente Deus é fiel, a nossa palavra para vocês não foi sim e não. Porque o Filho de Deus, Jesus Cristo, que foi pregado entre vós por nós, por mim, por Silas e por Timóteo, não era sim e não, mas nele estava o sim". Agora, o que foi Sim? As promessas, tudo bem.

Todas as promessas de Deus, versículo 20: "Nele estão sim e eles nele, amém, para glória de Deus por nosso intermédio." Ei, essa é uma renderização estranha. Deixe-me ler para você além do versículo 20 da NVI, que diz: "Pois não importa quantas promessas Deus tenha feito,.." mais de 7.000, "não importa quantas promessas Deus tenha feito, elas são Sim em Cristo" Antes de você acreditou em uma promessa, ele já determinou que sim.

Mas algumas notícias incrivelmente boas para você. Antes mesmo de você acreditar na promessa, ele disse: Sim, desculpe. Deixe-me continuar respirando. Sim, é tarde demais. É tarde demais. Você teve uma chance.

Não importa quantas promessas Deus tenha feito, elas estão sim, em Cristo, ouça esta face, e assim através dele, o Amém é falado por nós para a glória de Deus. Então aqui está. O pai decreta uma promessa, mas espera o que o colaborador, aquele que diz: Amém. Aquele que se alinha com seu coração, as pessoas dizem bem, minhas orações não estão sendo atendidas, então mude a forma como você ora. Ele não quer? Não fala comigo sobre o que está em meu coração; ele fala com ele sobre o que há nele.

Pois é, descubra o que significa buscar primeiro o reino e todas essas coisas serão acrescentadas. Vá primeiro à agenda dele e veja como ele abençoa a sua e como ele muda a sua. Portanto, a questão é que você e eu estamos inseridos no sentido de revelar o pai por meio de respostas à oração, que são os avanços. É o fato de você sofrer uma perda, e é importante o suficiente para você ficar a sós com Deus e clamar por uma mudança para que isso não aconteça novamente. Você tem essa decepção; Você tem isso? Aquela pessoa que tem uma doença horrível e você orou, e ela não foi curada, ela morreu. O que você faz? Você não apenas ignora isso, você fica a sós com Deus, por quê? Porque ele fez uma promessa a você e a mim, demonstrando sua vida, seu amor, seu poder, por meio de seus próprios filhos. Você se dá bem com Deus para obter avanços. Não é complicado, mas é desafiador.

Como você consegue um avanço? Correr risco? O que você faz se não conseguir um avanço? Ficar sozinho com Deus? Então o que você corre mais risco? Você vai para a presença, clama a Deus, quer esteja machucando as pessoas, e você serve , e você simplesmente continua indo e voltando até que você e eu aprendamos a fazer bem o que Deus nos chamou para fazer. Você e eu podemos ficar presos na tarefa, mas isso não nos dá o direito de mudar isso. Você está vivendo e respirando porque ele tem esperança de que você acreditará no impossível. Você está vivendo e respirando porque quando as impossibilidades da vida cedem a um filho ou filha, o pai é revelado e ele é glorificado. Ele é exaltado.

As pessoas olham para certas coisas que você e eu podemos fazer e elas vão bem porque Deus nos ajudou, não porque sejamos tão bons. Você deseja demonstrar a natureza da bondade, o coração de Deus, de tal forma que as pessoas ao seu redor sejam impactadas por quem ele é. As promessas nos convidam a sonhar. E gostaria de sugerir que aqueles que perderam a capacidade de sonhar perderam de vista as promessas de Deus. A nossa capacidade de sonhar é alimentada, inspirada pela nossa ligação às promessas que Deus nos deu e que ainda não vimos cumpridas.

Sim, é absolutamente a verdade.

É incrível para mim que Deus queira colaborar porque ele pode fazer tudo melhor. Ele apenas se sente impactado pelo papel que você desempenha, então ele se torna vulnerável aos desejos das pessoas.

Promessas não me fazem Deus. Eu não lhe dito o que deve fazer, mas ele me convida para um relacionamento onde tenho influência sobre o que acontece. Por que ele faria isso? Não sei. Ele quer que a marca de quem você é nele seja vista como realmente é. Há algo revelado na natureza de Deus quando ele usa pessoas como você e eu para cumprir Seus propósitos, e esse é o convite. O convite é para que acreditemos no impossível e vou lhe dizer uma coisa, já se passaram muitos anos para mim e isso significa que tem sido avanço após avanço após avanço. Você fica impressionado com o que Deus está fazendo, e então há perdas, perdas e perdas. Eu me dou bem com Deus e preciso dizer: Deus, você precisa fazer algo em mim porque isso não está bem. Isso não está bem. Não está tudo bem que esta criança tenha esta doença. Não está tudo bem que isso tenha acontecido com esta família, não está tudo bem. Não é certo que minha família esteja falida. Tem que importar o suficiente.

Então os discípulos viram tantas coisas de Jesus que posso imaginar que somos um dos discípulos. Você consegue imaginar aquele pãozinho e aquela coisa de peixe que você fez onde todo mundo comia e sobrou? Você pode me mostrar isso? Ou aquele andar sobre as águas? Isso foi muito bom, gostei da tempestade, mas gosto de andar na água? Você pode me ensinar isso? E ainda assim só houve uma coisa que os discípulos pediram a Jesus para lhes ensinar o que é estranho para mim porque eles estão com ele há três anos e meio, eles viram todo tipo de coisas, mais milagres que podem ser listados em um livro em qualquer lugar e eles pediram apenas uma coisa para ele lhes ensinar. Eles disseram: você nos ensinaria a orar? Eles viram algo sobre sua vida. Ele era uma expressão desse pai que ele encontrava na montanha dia após dia. E isso os provocou tanto ciúme que eles disseram, você pode nos ensinar, porque eles viram que todo o resto de alguma forma vem disso. Este é um ano de aumento de promessas inovadoras que está diretamente ligado a um aumento na oração.

Existe esse convite do Deus do universo para vir e encontrar-se com ele. Está no diálogo com Deus; se você não está obtendo respostas às suas orações, não mude o que você ora, mude a forma como você ora, faça algo porque o problema não está no fim da equação. Se não está funcionando, não é ele. Então você volta à prancheta e diz: aqui estou, de novo, ensine-me a orar. Ensina-me a dialogar contigo de tal maneira que as coisas ao meu redor mudem e você seja honrado e glorificado. Faça algo em mim e através de mim, para que quando conversarmos, a transformação aconteça. Deus convidou-nos a colaborar com alguém que nunca poderíamos conquistar para nós mesmos, um papel de colaboração para influenciar o curso da história. E é por isso que você ainda respira ar, porque faz parte dessa família, parte dessa equipe.

Então você tem que ser movido por um sonho do tamanho de Deus. Se você é movido por um sonho que poderia realizar sozinho, esse não é o sonho de Deus. Na verdade, deixe-me levá-lo um passo adiante. Se você não está impressionado com o que ele designou para você fazer, você não ouviu o que ele tem a dizer porque a tarefa dele é tão esmagadora que nos obriga a confiar. Olho para a tarefa e percebo que isso não é algo que posso fazer. Então ou ignoro a palavra ou entro em uma relação de confiança.

Então minha oração e meu clamor são para que Deus, você nos dê graça, para orar nesta próxima temporada, diferente de qualquer temporada anterior de nossa vida e nós permitimos que você os acorde, *isso é trapaça* , mas está tudo bem. Nós convidamos você, Deus, para nos ensinar a orar, queremos entrar mais profundamente no porquê de estarmos no planeta Terra. A missão que você nos deu em diferentes esferas da vida. E pedi ao pai, que Jesus fosse exaltado através da forma como vivemos a vida e que você, de fato, nos ensinasse a orar.

Sempre há uma chance de dizermos que eles entregaram suas vidas a Cristo; eles nunca colocaram fé em Jesus para a salvação antes, e quando o fizessem, seriam realmente perdoados de seus pecados e mudariam de dentro para fora. A Bíblia chama isso de nascer de novo. Foi uma mudança que aconteceu no interior de uma pessoa que nunca poderíamos realizar em nós mesmos, mas acontece milagrosamente quando as pessoas simplesmente colocam sua fé em Cristo.

A Bíblia diz que todo aquele que invocar o nome do Senhor será salvo.

CHAPTER 3

Sobre o autor

Bill Vincent conhece bem a compreensão do poder de Deus. Ele não apenas passou mais de vinte anos como Ministro com uma forte unção profética, mas agora também é Apóstolo e Autor do Ministério Revival Waves of Glory em Litchfield, IL. Juntamente com a sua esposa, Tabitha, ele lidera uma equipa que fornece supervisão apostólica em todos os aspectos do ministério, incluindo serviço, ministério pessoal e carácter piedoso.

Bill oferece uma ampla gama de escritos e ensinamentos, desde a libertação até a experiência da presença de Deus e o desenvolvimento de uma estrutura apostólica de vanguarda da Igreja. Aproveitando o poder do Espírito Santo através de anos de experiência em Reavivamento, Sensibilidade Espiritual e ministério de libertação, Bill agora se concentra principalmente em buscar a Presença de Deus e em quebrar o poder do diabo na vida das pessoas.

Desde então, seus livros 48 e contando ajudaram muitas pessoas a vencer os espíritos e as maldições de Satanás. Para obter mais informações ou para acompanhar os últimos lançamentos de Bill, visite www.revivalwavesofgloryministries.com.

www.ingramcontent.com/pod-product-compliance
Ingram Content Group UK Ltd.
Pitfield, Milton Keynes, MK11 3LW, UK
UKHW030625171224
452439UK00011B/137